Primera edición mayo de 2024

© Nelo Curti
© de esta edición, Editorial Páramo
www.editorialparamo.com
editorialparamo@gmail.com / 646346731
Coordinación: Javier Campelo Bermejo

ISBN: 978-84-128128-4-8
Núm. DL: VA 157-2024
Impreso en España – Printed in Spain
Impreso en Estugraf

Penélope de La Habana

Nelo Curti

Primer Premio de Poesía David González, 2024

editorial
PÁRAMO
*
lírica

Penélope de La Habana

Nelo Curti

PENÉLOPE DE
LA HABANA

¡Madre mía! ¡Mala madre!
LA ODISEA

Eu tamén navegar.
XOHANA TORRES

Te duchas.
Las gotas esquían por tus hombros,
tus pechos,
y saltan al vacío.
Con cada una se suicida un trozo del día.
Te parece bien,
y abres más el grifo.

En tus pies flotan
las frases de tu jefe
y el humo de los coches.

Te enjabonas.

Cantas un estribillo
que aprendiste en el taxi, de regreso,
mientras fingías escribir algo en el teléfono
para que el conductor no te diese conversación.

Los taxis. Los ascensores. Las salas de espera.
Sitios donde te conviertes en metal.

Tus pies se esconden en la espuma.
Juegan. Chapotean entre los recuerdos lívidos.
Cantas. No te gusta lo que cantas
pero vale para cumplir con el cliché de parecer feliz.
Te dices que en las duchas
solo puedes cantar o ser asesinada,
que veinte años atrás
hubieses sumado sexo a las opciones.
Y cantas más fuerte.
Estrujando la esponja como al cuello de un amante.
Como a cualquier mentira.

Se ahoga en tus tobillos el día,
fotocopia de otros tantos,
y promete regresar.
Y sabes que lo hará.
Y has dejado de cantar.

Cierras el grifo.

Silencio.

Sales de la ducha.

La jornada lentamente se va por el desagüe.
Piensas que sois dos buenas perdedoras.

La caracola estaba allí cuando alquilaste el piso
y en el inventario fue descrita como adorno marino.
Es una pequeña catedral.
Blanca. A veces rosa.
Ante la que cada tanto reza alguna mosca.
Si la lames tal vez descubras sal
y se convierta en monumento al erotismo.
Pero tácitamente habéis pactado indiferencia.
Ella en la repisa. Tú en el sofá.
Y el mar sonando. Distinto. Mismo.
En el interior de cada isla.

UN ELEFANTE SE BALANCEABA
SOBRE LA TELA DE UNA ARAÑA
COMO VEÍA QUE RESISTÍA FUE
A LLAMAR A OTRO ELEFANTE

Vista por detrás
seguramente parezca un ángel descatalogado,
clavado con tacones a su cruz.

Penélope cóncava.
Asimétrica. Convexa.

De frente en cambio
vende un ángel ganador,
de esos que hasta tienen vacaciones.

Penélope ritual.
Cacofónica. Correcta.

Dobla la esquina en el altar de sus tacones
y desaparece, sonriendo,
como si acabase de estrenar las vacaciones.

Estás harta de que te pregunten por Ulises.
En el tren. En la farmacia.
En el mar, cuando bajas,
si tienes la mañana libre,
a hundir la melena entre los peces
y agradecerles su silencio.

Ulises nunca estuvo,
las fotografías
son trincheras para muertos,
Ulises no partió,
aunque regrese ciertas veces
y desordene tu salón, las horas,
use tus toallas
y pregunte como un tonto
si lo echarás de menos.

Lo murmuran en el bar.
Los hospitales.
Y en el cine, cuando vas,
si los domingos no quieren bailar,
a masturbarte en el olimpo laico
de las últimas butacas.
Penélope la sola.
Penélope la fría.
Penélope la rara.
La inútil que no sabe tejer.
La ilusa que no espera.

LO PEOR
DE UNA GUERRA
NO ES GANAR

Tengo 5 años. Tengo 8. Tengo 15. No. No tengo. No tengo años. No tengo años y estoy al borde de un precipicio. Al final de un rascacielos. Al límite de mí misma. Donde yo acabo comienza un largo hueco. Un largo hueco que a su vez se divide en muchos huecos. Los huecos, de lejos, no son nada. Como el estallido de una bomba a mil kilómetros de tu sofá. Pero a medida que te acercas comienzan a oírse los quejidos. A oler la sangre. A reír el miedo. Y los huecos de pronto son frenéticas moledoras de carne. Clavas los talones en el suelo. Hundes las uñas en la piedra. Hincas la nariz en el dulce aroma de los muertos con tal de detener tu viaje hacia esos orificios glotones y cuando la velocidad se cansa de ti descubres que esos agujeros tienen nombre: Trabajo, Religión, Familia. Y que todos conducen a un enorme basural que cambia continuamente de nombre: Paz, Éxito, Felicidad, Patria, rellene usted misma lo que corresponda. Tienes cinco años. Tienes mil. ¿Qué edad tienes cuando decides desaparecer? Somos lágrimas que caen al otro lado de las moledoras de carne, en la paz, en el éxito, en el ataúd que usted haya marcado, con una cruz, en los formularios oficiales.

El mar tiene memoria de todos los naufragios
y siembra de víctimas la costa
para que mueran de verdad. Sin esperas.

Mar vinoso en los descoloridos ojos de Homero.
De sangre, según fotografías
de las últimas catástrofes.

La rutina también llena de víctimas la arena.
Y te sientas en la orilla,
de espaldas a los días que acaban de caer.

Los algoritmos creen saber dónde está Ulises
y cada día matas a uno en la pantalla.

Prefieres al agua como amante.

Abres las piernas
para que las olas lleguen a puerto.

¡MADRE MÍA! ¡MALA MADRE! MANTENIEN-
DO ÁNIMO OBSTINADO, ¿POR QUÉ ESTÁS TAN
ALEJADA DE MI PADRE, Y NO, JUNTO A ÉL
SENTADA, CON PALABRAS LE PREGUNTAS E
INTERROGAS? NINGUNA OTRA MUJER, DE
ESTE MODO, CON ÁNIMO FIRME DE SU MA-
RIDO SE APARTARÍA; EL CUAL, TRAS SUFRIR
MUCHOS MALES, LLEGARA EN EL VIGÉSIMO
AÑO A SU PATRIA TIERRA. ¡MAS SIEMPRE TU
CORAZÓN MÁS DURO ES QUE UNA PIEDRA!

Un gato de porcelana que tal vez nadie compró,
que siempre estuvo allí,
desde antes incluso
de que el ladrillo tejiese
los confines de tu isla,
sobreviviendo a anteriores inquilinos,
pactando indiferencia con todos.

Un gato blanco por pereza,
que tendrá millones de hermanos
apostados en las estanterías de otras guerras,
te contempla cada noche
y piensas que la soledad
lo hace exclusivo y probablemente bello,
aunque sepas que la belleza
dura lo que tarda en caer
un gato que no tiene siete vidas.

7 AM. Resaca.
Y una almohada demasiado larga.
Donde has dormido
junto a un decapitado que fue Ulises.
Que será siempre. Mañana.

Vas al baño suplicando
que no te recuerden los espejos
pero allí estás. Tosiendo.
Cepillándote los dientes.
Oyéndote decir
que si no te acuestas más temprano
acabará creciendo musgo en tus ojeras.

Enciendes el fuego y suspiras.
Sabes que al menos
en cinco minutos tu isla
olerá a café y a pan tostado.
Sabrán las piedras que estás viva. O despierta.
Y lo sabrán también los muebles.
Y los gatos que vendrán a celebrarte.

Será una orgía de certezas que dolerá como limosna.

Aderezas tu armadura con rímel.
Lápiz labial. Mirada estoica.
Y te cagas en los héroes. La poesía.
Tachas princesas porque el cuento va de pena,
como cualquier electrodoméstico barato.

8 AM. Penélope marca tarjeta.
Y recomienza su telar.

DOS ELEFANTES
SE   BALANCEABAN
SOBRE LA TELA
DE UNA ARAÑA
COMO VEÍAN
QUE RESISTÍA
FUERON A LLAMAR
A OTRO ELEFANTE

Tengo 15 años. Tengo 48 años. Tengo 29 años. Tengo 60… 72. Tengo 10… 80. Tengo 19 años. Tengo 19 años y bailo. Bailo en una discoteca. Me miran. Me huelen. Me tocan. Me tocan el culo hasta que dejo de bailar. Me giro. No hay nadie. A mi espalda la discoteca ha desaparecido y nuevamente bailo, bailo encerrada en una cabina, bailo, aunque mi cerebro no envíe ninguna señal al cuerpo bailo, bailo, bailo, bailo encerrada en una cabina ante una decena de tipos que se masturban y me insultan. Me insultan y sus insultos se estampan contra el cristal de la cabina. Me escupen y sus babas se estampan contra el cristal de la cabina. Se corren y su semen se estampa contra el cristal de la cabina. Se van y quedan chorreando en el cristal de mi memoria, indelebles, huella de grito, baba y semen. Quiero borrarla con un trapo, pero la memoria no se borra con un trapo. Quiero cortarla con un hacha, pero la memoria no se corta con un hacha. Quiero romperla a puñetazos, pero la memoria no se rompe a puñetazos. Tranqui. Tranqui. Tranqui. Escucho cien veces la palabra tranqui. Tranqui. Tranqui. Tranqui. Escucho mil voces diciendo tranqui. Tranqui. Tranqui. Tranqui. Trankimazim. Trankimazim. Trankimazim. Trankimazim. En mi cabeza una niña se desmaya y cae en un nido de babosas. Intento socorrerla y al auparla me veo. La niña soy yo y me desmayo nuevamente en un nido de babosas. No. No es un nido. Hay babosas pero no es un nido. Es un campo de entrenamiento de babosas. Me miran. Me huelen. Jefe babosa grita ¡firmes! Y todas repentinamente están erectas. Jefe babosa grita ¡avancen! Y todas repentinamente avanzan hacia mí. Jefe babosa grita ¡fuego! Y todas repentinamente trepan por mi cuerpo dejando un rastro de grito, baba y semen. ¿Tengo 15 años? ¿Tengo 48 años? ¿Tengo 29 años? ¿Tengo 60… 72? ¿Tengo 10… 80? ¿Tengo miedo? ¿Miedo? No. Ojalá tuviese miedo. Si tuviese miedo no estaría desmayada. Las niñas desmayadas están después del miedo. Después. Después. Después. Fuera. Fuera de todo. Fuera de todo pero vivas. Lo suficientemente vivas como para rescatarse, huir y volver a desmayarse. ¿Caerán siempre en un nido de babosas?

El sol se apoya en el balcón
como un atleta exhausto.

Finge que es un Dios destituido
y tartamudea entre las rejas.
Llora que las flores lo esclavizan
y lo atracan turistas en la playa.

Disimula, en el horizonte,
al cruzar la meta,
que ha cronometrado la carrera.

Penélope a veces cree los aplausos.
La publicidad. Los diarios.
Y hasta compra las ofertas.
El viento es niñero de sus pasos
y hay rumores de verbena en sus botones.

Penélope a veces tiene dios.
O fe. O ganas de bailar.
Y cree a los heraldos que invaden su teléfono,
iluminando unos segundos el estómago del bolso.

Gira la ruleta
y gana lo que acepta.

Acaba la cerveza.

Legando al irse una silla con alas.
Como casi todas.

LO PEOR
DE UNA GUERRA
NO ES GANAR
NI MORIR

Hay una parada de autobús en el salón de Penélope,
entre el sofá y el mueble de olvidar
recibos, llaves, cataclismos.

Cada tanto el bus universitario
descarga a algún Ulises ebrio,
que huye si le habla de Virginia Woolf.

En la parada de Penélope los autobuses no aceptan pasajeros.
En la parada de Penélope nadie espera.
A la parada de Penélope solo es posible llegar.

Bajan a veces del que une la primavera con Siberia
lavanderas voladoras,
que ríen si les habla de la gravedad.

Todos los autobuses acaban pasando por el salón de Penélope.
Todos los autobuses acaban parando en el salón de Penélope.
Aunque ellos no lo sepan.

Te dieron dos juegos de llaves
al comprar el piso.

Uno siempre va contigo,
obediente, fiel,
ahorcado a un llavero de Tecnocasa,
marcando desde el bolso el pulso de tus pasos.

El otro cuelga de un clavo
en el recibidor,
fingiendo que alguien
ha decidido quedarse.

¡MADRE MÍA! ¡   MADRE! MANTENIEN-
DO ÁNIMO OBSTINADO, ¿POR QUÉ ESTÁS TAN
           MI PADRE, Y NO, JUNTO A ÉL
SENTADA, CON PALABRAS
                    OTRA MUJER, DE
ESTE MODO, CON ÁNIMO FIRME DE SU MA-
RIDO SE APARTARÍA; EL CUAL, TRAS SUFRIR
MUCHOS MALES, LLEGARA EN EL VIGÉSIMO
AÑO A SU   TIERRA. ¡MAS SIEMPRE TU
CORAZÓN MÁS DURO ES QUE UNA PIEDRA!

Quisieras conocer otros aseos.
Y no sembrar tu cepillo dental,
ni tu reflejo, en ninguno.
Pero te gustaría al despertar oler otro café
y descubrir maneras de quemar los desayunos.

No todas las cucharillas giran para el mismo lado
—Penélope camarera dixit—
aunque no pienses en clientes
cuando te preguntas cómo harán tostadas
los idiotas que brincan en la pista.

¿Estás bien? Pregunta Ulises,
surgiendo de un charco de colegas,
y ves en su cubata burbujear la estupidez.

Le ofreces el hielo de tu copa
y él lo bebe
como si pudiera festejar lo que mató.

TREINTA ELEFANTES
SE BALANCEABAN
SOBRE LA TELA
DE UNA ARAÑA
COMO VEÍAN
QUE RESISTÍA
FUERON A LLAMAR
A OTRO ELEFANTE

Leona. Leona. Leona. Leona valiente. Leona leal. Leona presente. Leona. Leona. Leona. Leona trabaja. Leona provee. Leona protege. Leona. Leona. Leona. Leona no llora. Leona no grita. Leona no teme. Leona. Leona. Leona. Leona no. Leona no. Leona no. No. No. No. No soy. No soy. No soy. No me llamo. No me llamo. No me llamo. No. No. No. No leona. No leona. No leona. Tengo garras. No leona. Tengo dientes. No leona. Tengo ganas de desgajar la última palabra del último credo pensado contra mí. No leona. Ganas de no haberlo aprendido y pastar mis odios por fuera de la eléctrica manada. No leona. Puedo matar. No leona. Porque no hay nada más fácil que matar. No leona. Puedo amar. No leona. Porque no hay nada más televisado que el amor. No leona. Puedo cumplir. No leona. Dar la teta a mis cachorros. No leona. A los cachorros de mi prima. No leona. A los cachorros del vecino. No leona. A los cachorros de la plaza. No leona. A los cachorros que bailan en la discoteca. No leona. No leona. No leona. No leona. No leona. No leona. No leona. No leona. No sé cuidar la gloria de los reyes. No leona. No leona. No leona. No leona. No leona. No leona. No leona. Sé desmadejar los ovillos de la guerra. Pero no leona.

Sentada en un parque.
Un bar. En el sofá.
Siente carreteras.
Islas. Bibliotecas.

Penélope deja a Penélope
y una brisa escupe su nuca.

Por sus muslos viajan aeroplanos.
Boxeadores. Catequistas.
Cardúmenes eternos lamen sus tobillos.
Sus plantas. Sus talones.

Penélope deja a Penélope en un parque.
Un bar. En el sofá.
Y se sienta a volar.

LO PEOR
DE UNA GUERRA
NO ES GANAR
NI MORIR
SINO QUEDAR
EN MEDIO

En la pantalla de 100.000 ordenadores su rostro.
Moreno. Blanco. Aindiado.
Enfrentando a la cámara mientras nieva
sobre las gasolineras de Moscú
y el viento cruje en el desierto de Atacama
y un camión atropella a un ciclista en Cadaqués.
Su rostro joven. Arrugado. Terso. Pecoso.
Gimiendo con un placer deshabitado
mientras habla el honorable presidente
y los urinarios cuchichean
y las estrellas del deporte recomiendan maquinillas de afeitar.
Su rostro bronco. Atroz. Letal. Quebrado.
Empañando el objetivo
mientras nace el futuro Santo Papa
y sube el precio de la carne
y en los motores de búsqueda de 100.000 ordenadores
se elimina «porno gratis».

Llego a casa. Tengo una casa. No. No es un palacio. Es una casa. No. Tampoco es un nido. Es una casa. Paredes blancas. Puertas marrones. Cinco ventanas. Los palacios relucen. Mi casa da sombra. Los nidos abrigan. Mi casa es un grito. Llego a casa. Sí. El grito. La sombra. Las puertas marrones. Llego a casa y descongelo mis alas. Sí. Tengo alas. No. No es una metáfora. Son alas. Descongelo mis alas y comienzo a elevarme. Desde el cielo raso la vida parece otra cosa. Sí. Tengo una vida. Desde el cielo raso la vida parece esperarme. No. No bajo. Si bajo la vida parece escaparse. El grito. La sombra. Las blancas paredes. Agito las alas y rompo mi cruz. Sí. Tengo una cruz. No. No es una metáfora. Es una cruz. Agito las alas y estalla la cruz. El grito. La sombra. Las cinco ventanas. Astillas de miedo salpican mi casa. El grito. La sombra. Las puertas marrones. No. No bajo. Si bajo la cruz reunirá su terror. Extiendo las alas y rajo mi historia. Sí. Tengo una historia. Extiendo las alas y explota la historia. El grito. La sombra. Las blancas paredes. El techo abandona su eterno paisaje. El grito. La sombra. Las cinco ventanas. Me elevo. Soy aire. Sí. Es una metáfora.

La estatua de un héroe en la plaza.
A caballo.
Señalando el horizonte.
Y a veces un avión.
A veces pájaros.
Y casi siempre nada.
Una dirección cualquiera,
un punto en el vacío
tan distante o cercano
que ni siquiera puede verse.
Algo que ya fue, sin dudas,
una epopeya o un chaquetón pasado de moda
que desahucian los escaparates.

Bajo el brazo extendido
las niñas pedalean.
Gritan. Comen caramelos.
Y crecen. Hasta sentirse señaladas.

¡MADRE MÍA! ¡   MADRE! MANTENIEN-
DO ÁNIMO OBSTINADO, ¿POR QUÉ ESTÁS TAN
            MI   ,   ,
SENTADA, CON PALABRAS
                        OTRA MUJER, DE
ESTE MODO, CON ÁNIMO FIRME
      SE APARTARÍA;   , TRAS SUFRIR
MUCHOS MALES,   EN EL VIGÉSIMO
AÑO A SU   TIERRA. ¡MAS SIEMPRE TU
CORAZÓN MÁS DURO ES QUE UNA PIEDRA!

Trabajas. Trabajas limpiando casas. Trabajas limpiando casas y ciudades. Trabajas limpiando casas y ciudades y países. Trabajas limpiando casas y ciudades y países y planetas. Limpias casas. Limpias ciudades. Limpias países. Limpias planetas. Limpias pero todo huele mal. Limpias pero todo huele gris. Limpias pero todo huele gris tirando a negro. Limpias y limpias y limpias pero el olor impregna tus paños. Limpias y limpias y limpias pero el olor impregna tus paños y trepa. El olor impregna tus paños y trepa por tus uñas. Trepa por tus dedos. Trepa por tus brazos. Trepa por tu cuello. Trepa por tu cara y se mete por tu boca. Trepa por tu cara y se mete por tu boca y mancha tu garganta. Se mete por tu boca y mancha tu garganta y acaba profanándote el corazón. Tu corazón huele a gris tirando a negro. Tu corazón huele a gris tirando a negro y estalla. Tu corazón huele a gris tirando a negro y estalla haciendo volar por los aires la casa, las ciudades, los países y los planetas relucientes. Limpias. Limpias. Limpias. Estás muerta pero limpias. Limpias tu propia sangre. Limpias tu propia sangre y los pedacitos de tu corazón dinamitado. Limpias los pedacitos de tu corazón dinamitado y limpias el odio. Limpias los pedacitos de tu corazón dinamitado y limpias el odio y limpias el pasado. Limpias los rastros de tu propia ejecución para que pase la siguiente y el olor a gris tirando a negro no la eche para atrás. Limpias el horror para que parezca casa. Limpias el horror para que parezca casa, ciudad, país, planeta. Limpias el horror para que parezca limpio. Limpias el horror para que parezca nuevo.

Penélope sintoniza atentados en la radio.
Y fuma. Se lame las uñas cada tanto
y enciende el limpiaparabrisas para fingir que llueve.
Llora. El tiempo llora. Y se muerde las uñas cada tanto.

Apaga el limpiaparabrisas. Atentados.
Y se oye llover junto al rumrum copioso del motor

El zaping en la ventanilla cose putas, semáforos,
letreros y recortes de una noche que pasó
y profetiza crímenes resueltos.

Penélope acelera. Se va,
huye de la crónica chismosa,
del altar de una leyenda miope.
Ciega. Como casi todas.

CIEN ELEFANTE
SE BALANCEABA
SOBRE LA TELA
DE UNA ARAÑA
COMO VEÍA
QUE RESISTÍA
FUERON A LLAMA
A OTRO ELEFANT

No soy la sonrisa amable buenos días en qué puedo ayudarle ni la taza con lunares amarillos que se rompió por mi culpa como todo lo que se rompe por mi culpa porque mi culpa es grande y en ella caben desde los desayunos que se rompen hasta los aviones que caen del cielo con trescientos ochenta pasajeros que mueren maldiciéndome como si fuesen Cristos y yo una higuera pero no. No. No. No. No soy. No soy. No soy. No soy una higuera plantada en los prados de las sagradas escrituras ni un cartel luminoso mira qué piernas si te compras estas medias las tendrás tan largas y esbeltas como yo soy tu valor el precio que tienes que pagar para parecerte tanto a lo que no eres que solo quieras ser lo que no eres pero tampoco soy lo que no eres. No. No. No. No. No. No soy. No soy. No soy. No soy. No soy. No soy. No soy. No soy. No soy la miss del año 1981 ni el maniquí que sonríe en las fotos oficiales ni la heroína capaz de esnifar toda la cocaína del planeta para salvar al resto de la humanidad de un vicio tan atroz. No. No. No. No. No. No. No soy. No soy. No soy. No soy. No soy. No soy. No soy. No soy. No soy. No soy. No soy. No soy. No soy perra. No soy Venus. No soy lengua. No soy mármol. No soy top. No. No. No. No. No. No. No. No. No. No soy. No soy. No soy. No soy. No soy. No soy. No soy. No soy. No soy. No soy. No soy tu diva ni tu musa ni tu coño ni tu vicio ni la cerda ni la estatua de la libertad. No. No. No. No. No. No. No. No. No. No. No. No soy. No soy. No soy. No soy. No soy. No soy. No soy. No soy. No soy. No soy. No soy. No soy. No soy. No soy. No soy. No soy. No soy Blancanieves ni Cenicienta ni Caperucita ni su abuela ni Penélope. No. No. No. No. No. No. No. No. No. No. No. No. No. No. No. No. No. No. No. No. No. No. No. No. No soy. No soy. No soy no soy. No soy un cuento que termina bien.

LO PEOR
DE UNA GUERRA
NO ES GANAR
NI MORIR
SINO QUEDAR
EN MEDIO
SER LA GUERRA

Tu dedo asoma por el hueco de un calcetín.
Bienvenido al mundo, piensas,
y de pronto sientes frío.

Un temporal de nieve se desata en tu salón
mientras ves a los turistas rumbo al mar,
como si tu ventana fuese un televisor de 100 pulgadas
encadenando publicidades del verano.

El hielo barniza las paredes, las baldosas,
y embalsama el fuego para que el arroz no se te pase
ni tampoco puedas calcinar ese anatema.

Escupes para comprobar que tu saliva sigue viva
y un beso cae y patina por el aire,
haciendo añicos el ventilador.

Toses. Tiemblas.
Bajo la cruz de una farmacia
el calor festeja sus 45 grados
y en los escaparates es un hecho
la migración de las bufandas.
Has leído en algún sitio que en las piscifactorías
alimentan con peces heridos
a los cardúmenes ilesos.
Y la ventana es ahora la frontera de una gran pecera.

Te peguntas quiénes serán tus comensales.

Disimuladamente guardas el dedo en el interior del calcetín
y piensas que será mejor no pedir a gritos un abrigo.

¡MADRE   ! ¡   MADRE!
    ÁNIMO OBSTINADO, ¿POR QUÉ ESTÁS
                        ,   ,
SENTADA,

                                    ,
        , CON ÁNIMO FIRME
            ;   , TRAS SUFRIR
MUCHOS MALES,
            TIERRA. ¡MAS SIEMPRE TU
CORAZÓN MÁS   ES QUE UNA PIEDRA!

CARTA DE ULISES A PENÉLOPE

Penélope de La Habana, del poeta Nelo Curti, fue la obra ganadora de la Primera edición del *Premio de Poesía David González*, elegida por un jurado compuesto por los poetas Rodrigo Garrido Paniagua, Jorge M Molinero y Esperanza Ortega, y el editor Javier Campelo.

Se publicó en abril de 2024 y fue presentada en el Salón de Grados de la Facultad de Derecho de Valladolid el día 3 de mayo de 2024.